BEI GRIN MACHT SICH WISSEN BEZAHLT

- Wir veröffentlichen Ihre Hausarbeit, Bachelor- und Masterarbeit

- Ihr eigenes eBook und Buch - weltweit in allen wichtigen Shops

- Verdienen Sie an jedem Verkauf

Jetzt bei www.GRIN.com hochladen und kostenlos publizieren

Patrick White

Die Hamas - Analyse einer terroristischen Vereinigung

GRIN Verlag

Bibliografische Information der Deutschen Nationalbibliothek:

Die Deutsche Bibliothek verzeichnet diese Publikation in der Deutschen Nationalbibliografie; detaillierte bibliografische Daten sind im Internet über http://dnb.d-nb.de/ abrufbar.

Dieses Werk sowie alle darin enthaltenen einzelnen Beiträge und Abbildungen sind urheberrechtlich geschützt. Jede Verwertung, die nicht ausdrücklich vom Urheberrechtsschutz zugelassen ist, bedarf der vorherigen Zustimmung des Verlages. Das gilt insbesondere für Vervielfältigungen, Bearbeitungen, Übersetzungen, Mikroverfilmungen, Auswertungen durch Datenbanken und für die Einspeicherung und Verarbeitung in elektronische Systeme. Alle Rechte, auch die des auszugsweisen Nachdrucks, der fotomechanischen Wiedergabe (einschließlich Mikrokopie) sowie der Auswertung durch Datenbanken oder ähnliche Einrichtungen, vorbehalten.

Impressum:

Copyright © 2009 GRIN Verlag GmbH
Druck und Bindung: Books on Demand GmbH, Norderstedt Germany
ISBN: 978-3-640-93432-4

Dieses Buch bei GRIN:

http://www.grin.com/de/e-book/173255/die-hamas-analyse-einer-terroristischen-vereinigung

GRIN - Your knowledge has value

Der GRIN Verlag publiziert seit 1998 wissenschaftliche Arbeiten von Studenten, Hochschullehrern und anderen Akademikern als eBook und gedrucktes Buch. Die Verlagswebsite www.grin.com ist die ideale Plattform zur Veröffentlichung von Hausarbeiten, Abschlussarbeiten, wissenschaftlichen Aufsätzen, Dissertationen und Fachbüchern.

Besuchen Sie uns im Internet:

http://www.grin.com/

http://www.facebook.com/grincom

http://www.twitter.com/grin_com

HAUSARBEIT

zum Thema

"Die Hamas – Analyse einer terroristischen Vereinigung"

im Fach Politikwissenschaft
zum Seminar "Innere Sicherheit im Kontext von Terrorismus und Grundrechten"
innerhalb des Moduls "Kontrolle und Risiko I"
Universität Leipzig

Student: Patrick White

Eingereicht zum 8. März 2009

"Artikel 13: Ansätze zum Frieden, die sogenannten friedlichen Lösungen und die internationalen Konferenzen zur Lösung der Palästinafrage stehen sämtlichst im Widerspruch zu den Auffassungen der Islamischen Widerstandsbewegung. Denn auf irgendeinen Teil Palästinas zu verzichten bedeutet, auf einen Teil der Religion zu verzichten; der Nationalismus der Islamischen Widerstandsbewegung ist Bestandteil ihres Glaubens. (...) Für die Palästina-Frage gibt es keine andere Lösung als den Djihad. Die Initiativen, Vorschläge und Internationalen Konferenzen sind reine Zeitverschwendung und eine Praxis der Sinnlosigkeit."

aus der Charta der Hamas[1]

„Die einzig wahrhafte Kraft gegen das Prinzip von Auschwitz wäre Autonomie, wenn ich den Kantischen Ausdruck verwenden darf; die Kraft zur Reflexion, zur Selbstbestimmung, zum Nicht-Mitmachen."

Theodor W. Adorno[x]

---

1 Küntzel, Matthias in: Jungle World, Nr. 49, 27. November 2002, S. D2
x Adorno, Theodor W.: Erziehung nach Auschwitz. (Radiointerview von 1966), Entdeckt auf http://schule.judentum.de/nationalsozialismus/adorno.htm (Zugriff am 5.3.2009)

Inhaltsverzeichnis

I. Einführung 4
II. Hamas
.... 5
   1. Geschichte der Hamas 5
   2. Ideologie und Zielsetzung der Hamas 7
   3. Politologische Betrachtung der Hamas 9
   4. Mit der Hamas kooperierende Staaten 12
   5. Verbreitung ihrer Propaganda durch Medien 13
III. Fazit 15

I. Einführung

Am 27.Dezember 2009 griff die israelische Luftwaffe im Rahmen der Operation "Gegossenes Blei" den Gazastreifen an.

Nachdem die radikal-islamistische Partei Hamas den zwischen ihr und Israel seit Juni 2008 bestehenden Waffenstillstand gebrochen hatte und den jüdischen Staat mit ca 300 selbstgebauten Qassam-Raketen beschossen hatte[2], beschloss das israelische Parlament, die Knesset, eine Bodenoffensive zur Bekämpfung der Hamas.

Nach 21 Tagen heftiger Kämpfe und einer hohen Zahl an Opfern verkündete Ehud Olmert, israelischer Ministerpräsident, eine einseitige Waffenruhe.

Nachdem die Hamas am darauffolgenden Tag ebenfalls eine Waffenruhe verkündigte, zogen sich die israelischen Truppen hinter die Grenzen zurück, blieben aber in Alarmbereitschaft.

Resultat dieser kurzen Offensive sind ca 13 Tote und 84 Verletzte auf israelischer, ca. 1.330 Tote und 5.450 Verletzte auf palästinensischer Seite[3], ein Konflikt, dessen Aussicht auf Lösung entfernter denn je scheint und zwei verhärtete Fronten, die einen Dialog mit dem jeweiligen Gegner ablehnen.

Die Kontrahenten in diesem Krieg, Israel als parlamentarische Republik und die radikal-islamische Hamas als stärkste Kraft im Gaza-Streifen als Teil der palästinensischen Autonomiegebiete sind in diesem Konflikt keine neuen Gegner, sondern Teil der Fortsetzung eines lang andauernden Kampfes.

Die Forderungen Israels beschränken sich im wesentlichen auf die Beibehaltung des Status Quo, während sich die Forderungen der Hamas auf die "Zerstörung Israels und die Schaffung eines islamischen Staates in Palästina" beziehen[4].

Somit kann die Räson des Staates Israel als eine sicherheitspolitische, die der Hamas als eine militant-agressive Beschrieben werden – auch weil sie entgegen der Richtung der de jure mit-amtierenden Fatah-Partei agiert und versucht, mittels Gewalt ihre gewünschten Pläne für ein "freies Palästina" durchzusetzen.

Doch warum hat genau diese politische Gruppierung soviel Macht in den palästinensischen Autonomiegebieten, wann entstand diese Gruppe, welches sind ihre vordergründigsten Ziele, welche Unterstützer haben sie und vor allem : ist diese Partei eine terroristische Organisation?

---

2   http://www.lpb-bw.de/aktuell/nahost.php Landeszentrale für politische Bildung
    Baden-Württemberg (Zugriff am 23.Februar 2009)
3   http://www.jungewelt.de/2009/01-23/067.php Junge Welt (Zugriff am 23.2.2009)
4   http://www.britannica.com/EBchecked/topic/253202/Hamas Encyclopedia Britannica
    (Zugriff am 23.2.2009)

All diesen Fragen soll in dieser Arbeit nachgegangen werden, um etwas Licht in das Dunkel zu bringen, dass die Hamas umgibt.

II. Hamas

1. Geschichte der Hamas

Die 1929 in Ägypten von Hassan al-Banna gegründete arabisch-islamische, fundamentalistische Muslimbruderschaft richtete sich gegen die Verwestlichung der arabischen Kultur und war um den Kampf um die moralische Einheit der arabischen Welt gegen das Feindbild des Westens bemüht.
Ursachen für das Weltbild des Kollektivs, dass sich an die "Blütezeit des Islam im siebten Jahrhundert nach Christi als Vision und Goldenes Zeitalter"[5] erinnern vermag, werden vornehmlich in externe Faktoren projeziert:
Die Autonomie der Region unterdrückende Kolonialgeschichte, die erst nach dem Ende des zweiten Weltkrieges eine Wendung hin zur Verselbstständigung der Staaten im Gebiet des Nahen Ostens führte.
Ebenfalls als Faktor wird oftmals die technische und kulturelle Dominanz des Westens genannt: Aufgrund mangelnder technischer Entwicklung waren diese Staaten auf den Import von westlichen Gütern angewiesen, mit dem einher auch kulturelle Einflüsse "importiert" wurden, gegen die als Verunsittlichung natürlich im Geiste der Muslimbruderschaft vorgegangen werden musste.
Ein oftmals deutliches Indiz für einen Faktor ist die bedingt nachvollziehbare Voreingenommenheit gegenüber westlichen Staaten, sind "Versuche, die Rohstoffe des nahen Ostens auszubeuten"[6].
Als ein grosser Schritt hin zur Revitalisierung des arabischen Fundamentalismus nach dem Scheitern von Nassers Versuch zur Bildung eines säkularen Staates kann der, von den beteiligten Staaten auf arabischer Seite (Ägypten, Jordanien, Syrien) erlittenen Niederlage im Sechstagekrieg gegen Israel zugeschrieben werden.
Als es nach einem Zusammenstoß zwischen einem israelischen Lkw und zwei palästinensischen Taxen am 8. Dezember 1987 zur sogenannten "ersten Intifada" kommt, wird der Kampf gegen den Staat Israel nun deutlich gewaltintensiver.
Zu Beginn der Intifada schlug nun die Stunde der Hamas, die sich als militant-palästinensische Gruppe gründete und immer wieder – wie auch in ihrer Charta – auf die Zugehörigkeit zur

---

[5] Jaschke, Hans-Gerd: Politischer Extremismus. Wiesbaden: VS Verlag für Sozialwissenschaften 2006.(S.91)
[6] ebd. (S.92)

Muslimbruderschaft hinwies:

"Hamas ist eines der Glieder in der Kette des Djihad, die sich der zionistischen Invasion entgegenstellt. Dieser Djihad verbindet sich mit dem Impuls des Märtyrers Izz a-din al-Quassam und seinen Brüdern in der Muslimbruderschaft, die den Heiligen Krieg von 1936 führten; er ist darüberhinaus (...) mit dem Djihad der Muslimbrüder während des Kriegs von 1948 verbunden, wie auch mit den Djihad-Operationen der Muslimbrüder von 1968 und danach."[7].

Zum ersten Mal war der Name "Hamas" dann im Januar 1988 auf einem Flugblatt zu lesen[8]. Dieser Zeitraum wird meist zur Datierung der Gründung angeführt.

In den ersten folgenden Jahren setzte die Hamas hauptsächlich auf Gewalt und versuchte mit Hilfe von vielen Selbstmordanschlägen die Menschen in der Region einzuschüchtern, sowie andererseits auf ihre Seite zu holen, während sie die Politik als Mittel eher zweitrangig ansah - so wurden die Friedensabkommen zwischen Palästinensern und Israelis 1994, wie auch die ersten Wahlen zu einem palästinensischen Parlament rigoros abgelehnt[9].

Als im Jahre 2000 die zweite Intifada gegen den jüdischen Staat eingeleitet wurde und die Intensität der Gewalt stark zunahm[10], setzte die Hamas nun auch auf parlamentarischen Kampf.

Nach der israelischen Räumung des Gaza-Streifens 2005 proklamierte die Hamas "ihren Sieg", beschloss für die zweite palästinensische Paralamentswahl zu kandidieren und errang daraufhin am 25.Januar 2006 ca. 44 % der Stimmen und wurde mit grosser Mehrheit stärkste Kraft im paläsinensischen Parlament[11].

Da die USA und die EU als wichtigste Financiers der Palästinensergebiete einen Dialog mit der Hamas ablehnten, weil diese dem Friendsprozeß im Weg stehe, da sie das Existenzrecht Israels weiterhin ablehne, musste sich die Hamas aus der Regierung zurückziehen und eine Regierungs- "Koalition der nationalen Einheit" mit der gemäßigten Fatah-Partei eingehen[12].

Diese Regierung wurde aber schnell nach dem blutigen Kampf zwischen der rivalisierenden Fatah und Hamas um Gaza aufgelöst: Mahmud Abbas, Chef der Fatah, setzte im Westjordanland eine

---

7 Charta der Hamas: http://www.mideastweb.org/hamas.htm (Zugriff am 1.3.2009)
8 Ziad Abu-Amr: Hamas: A historical and political Background, in: Journal of Palestine Studies XXII, Nr.4, S.10
9 http://www.stern.de/politik/ausland/:Chronik--Die-Geschichte-Hamas/554385.html (Zugriff am 2.3.2009)
10 Israelisches Aussenministerium:
http://www.mfa.gov.il/MFA/Terrorism+Obstacle+to+Peace/Terror+Groups/Hamas+terror+attacks+22-Mar-2004.htm (Zugriff 2.3.2009)
11 Palästinensiche Wahlkommission:
http://www.elections.ps/template.aspx?id=291 (Zugriff am 1.3.2009)
12 Konrad-Adenauer-Stiftung:
http://www.kas.de/proj/home/pub/19/1/dokument_id-7913/index.html (Zugriff am 2.3.2009)

Notstandsregierung ohne Beteiligung der Hamas ein[13]. Die Hamas beantwortete dieses Handeln mit erneuten Gewaltaktionen, die sich nicht nur gegen die Fatah, sondern auch erneut und verstärkt mittels Raketenangriffen gegen Israel wanden, was die israelische Militäroperation "Gegossenes Blei" zur Folge hatte.

2. Ideologie und Zielsetzung der Hamas

Die Grundlagen der fundamentalistischen Ideologie der Hamas wurden am 18. August 1988 in ihrer Charta ("Hamas Charta" oder "The Covenant of the Islamic Resistance Movement") veröffentlicht[14].

Eckpfeiler der Charta sind die Territorialansprüche der Hamas, Vormachtstellung des Islam, Antisemitismus und der Kampf gegen die "Verwestlichung"(ebd.).

Hauptziel ist die Vernichtung des Staates Israel und damit einhergehend die Schaffung eines Palästinensischen Staates der in Grösse des heutigen Palästina inklusive Israel bestünde. Israel habe das "islamische Heimatland" unrechtmässig besetzt und muss eben von diesem vertrieben werden, was einer ethnischer Säuberung gleichkommt,

da ein "rein palästinensischer Staat" angestrebt wird(ebd).

Dies kann und soll nur mit dem "Mittel des Djihad" erreicht werden, denn

" Ansätze zum Frieden, die sogenannten friedlichen Lösungen und die internationalen Konferenzen zur Lösung der Palästinafrage stehen sämtlichst im Widerspruch zu den Auffassungen der Islamischen Widerstandsbewegung."(ebd).

So werden alle Friedenskonferenzen und -abkommen wie die von Madrid, Camp David oder Oslo kategorisch als "reine Zeitverschwendung und eine Praxis der Sinnlosigkeit" verworfen(ebd.).

Die ideologische Untermauerung dieser genannter Forderungen und Ansichten geschieht mit Hilfe des Koran, der zu diesen Zwecken misinterpretiert bzw aus Zusammenhängen entrissen und Stichpunktartig gelesen wird.

Die Rückwärtsgewandtheit der Hamas wird durch eine Verschmelzung von Staat und Religion, hin zu einer einheitlichen theokratischen Staats- und Gesellschaftsauffassung immer wieder durch Koranverse belegt:

"Alle Grundlagen des Lebens orientieren sich an den Vorgaben des Koran und dem daraus

---

13 Tages-Anzeiger:
    http://sc.tagesanzeiger.ch/dyn/news/ausland/762388.html (Zugriff am 2.3.2009)
14 Charta der Hamas: http://www.mideastweb.org/hamas.htm (Zugriff am 3.3.2009)

abgeleiteten islamischen Recht, der Scharia"[15].

Aus der Überbewertung von historisch-religiösen Schriften gepaart mit akuten politischen Spannung gebiert sich eine Form von Antisemitismus, der den Antizionismus gemeinhin verstärkt, aber auch wiederum aus diesem gestärkt wurde.

Propagandistische Äusserungen, die an Hetzschriften aus dem Dritten Reich erinnern, werden zu Schlagwörtern der Bewegung:

"Der Prophet – Andacht und Frieden Allahs sei mit ihm, – erklärte: Die Zeit wird nicht anbrechen, bevor nicht die Muslime die Juden bekämpfen und sie töten; bevor sich nicht die Juden hinter Felsen und Bäumen verstecken, welche ausrufen: Oh Muslim! Da ist ein Jude, der sich hinter mir versteckt; komm und töte ihn!"[16].

Der Vergleich kommt nicht von ungefähr, da sich die Hamas auch immer wieder gerne auf Amin el-Husseini beruft, einer Schlüsselfigur des arabischen Nationalismus des 20.Jahrhunderts, der in den 1930er Jahren als Großmufti von Jerusalem den Antisemitismus in verstärkter Form (z.B. durch das unter Androhung von Strafe verpflichtende Tragen der Kufiya [="Palästinensertuch"] als Abgrenzung zu den Juden) predigte, von 1941 – 1945 im NS-deutschen Exil lebte, guter Freund Himmlers wurde und von diesem sogar (um seiner Verdienste im Kampf gegen die Juden willen) in den Rang eines Sturmbannführers der SS erhob[17].

Er empfahl dem Aussenminister des NS-Reichs Ribbentropp sogar die "„Lösung des Weltjudenproblems" und verbreitete ähnliche Propaganda wie die "Protokolle der Weisen von Zion" oder Hitlers "Mein Kampf" im Nahen Osten, die noch heute dort auf den Bestsellerlisten zu finden sind[18].

Diese Tatsache ist sicherlich kein Beweis für die Schuld der Hamas, jedoch zeigt dies auf, in welchen geistigen Fahrwassern sich hier bewegt wird.

Wäre eine solche Verbindung in Europa aufgedeckt, wäre die betreffende Gruppe sofort diskreditiert, während man von Europa aus solch politisches Engagement im Nahen Osten eher zu belächeln pflegt und aller Ernstigkeit entbindet.

Schliesslich wird mit diesen drei Faktoren auch der vierte deutlich umrissen:

Der Kampf gegen den Westen als "Hort des Finanzjudentums", gegen die "Kapitalistischen Unterstützer" der Besetzung Palästinas und den Verfall der Sitten, ebenfalls vom Westen ausgehend. Der Impuls gegen die "westlichen Feinde" fusst hierbei auf "Skepsis gegenüber modernen

---

15   Jaschke, Hans-Gerd: Politischer Extremismus. Wiesbaden: VS Verlag für Sozialwissenschaften 2006. (S.91)
16   siehe (14)
17   vgl: Küntzel, Matthias: Islamischer Antisemitismus und Deutsche Politik.Freiburg: Lit 2007.
18   vgl: Mallmann/Cüppers: Halbmond und Hakenkreuz. Darmstadt: Wissenschaftliche Buchgesellschaft 2006. (S.19 f.)

Zeitläufen, auf Fortschrittskritik und -feindlichkeit und auf dem Glauben an eine ewiggültige Welt- und Werteordnung, die von der Moderne angegriffen wird. (...)Hierzu gehören Bewegungen, die sich vom Pluralismus (=des Westens; Anm. d. Verf.), der Offenheit und der individuellen Selbstverantwortung der modernen Lebenswelt abwenden und auf einer vermeintlich absoluten Erkenntnisgewissheit geschlossene Lebensformen errichten, die nur durch Preisgabe der individuellen Autonomie und Selbstverantwortung möglich werden"[19].

Somit ist auch die Problematik, die von der Hamas ausgeht, relativ klar zu erkennen: Ziele der Hamas lassen sich ebenso leicht ex negativo beschreiben, ergo: die Zahl ihrer durch sie selbst geschaffenen Feinde ist immens.

3. Politologische Betrachtung der Hamas

Der Terrorismus als abgeglittene Form von politischem Extremismus ist nur sehr schwer zu definieren. Schon in den achtziger Jahren versuchte ein Politologe aus vielen verschieden Terrorismusdefinitionen einen treffenden Begriff abzuleiten. Er listete – so viele waren ihm damals bekannt – 109 verschiedene Definitionen auf[20].

Terrorismus ist einer der umstrittensten Begriffe der Politikwissenschaft, da er, je nach Betrachtungsweise, eine vollkommen verschiedene Definition zulässt, oder wie es Ronald Reagan einst formulierte: "Der Terrorist des Einen- der Freiheitskämpfer des Anderen"[21].

Interessant ist hierbei, dass normalerweise diskutiert wird, ob Terrorismus als substaatliche Gewalt gegen den Staat oder aber auch als staatlich angewandter Terror verstanden werden kann.

Bei der Hamas trifft beides zu. Einerseits als substaatlicher Akteur, der schon vor 20 Jahren, ohne an regulärer Form von Politik teilzuhaben, terroritische Attentate und Anschläge verübte, andererseits aber auch nach der gewonnen Parlamentswahl militante Aktionen plante und durchführte[22].

Auf die Frage, ob es sich bei der Hamas eher ein Guerilagruppe und nicht wie meistens behauptet wird um eine Terrorgruppe handelt, kann man mit Martha Crenshaw antworten: "Guerilleros würden politische Gewalt im Rahmen des Völkerrechts ausüben, nur Kombattanten

---

19   Jaschke, Hans-Gerd: Politischer Extremismus. Wiesbaden: VS Verlag für Sozialwissenschaften 2006. (S.94/95)
20   vgl: Schmid, Alex / Jongman, Albert: Political Terrorism. A New Guide to Actors, Authors, Concepts, Data Bases, Theories and Literature. Amsterdam: o.V. 1988. (S. 1-38)
21   Daase, Christopher: Terrorismus – Begriffe, Theorien und Gegenstrategien. Ergebnisse und Probleme sozialwissenschaftlicher Forschung. In: Die Friedenswarte 01/2001 Jg.76 (S.57 ff.)
22   Nachrichtenmagazin Stern: http://www.stern.de/politik/ausland/:Chronik--Die-Geschichte-Hamas/554385.html (s.o.)

angreifen und ihren Kampf mit begründeter Aussicht auf Erfolg führen(...)[während] Terroristen (...) zumindest bei einem dieser Legitimitätstests durchfallen.

Entweder würden sie Völkerrecht brechen, die Tötung von Non-Kombattanten beabsichtigen, oder einen aussichtslosen Kampf führen; folglich wäre ihre Gewaltanwendung illegitim"[23].

Da bereits die PLO in den 70er Jahren begonnen hatte, den Kampf gegen Kombattanten (also israelische Militärs) hin zu Attentaten auf Zivilisten (z.b. Bombardierung von Schulbussen) zu verlagern und die Hamas ihnen hierbei folgte bzw es noch erweiterte, kann der Legitimitätstest nach Crenshaw nur verneint werden.

Die Hamas begründet diese Form der Gewalt gegenüber Zivilisten mit der Idee, dass es ja eben in Israel aufgrund der für Frauen und Männer herrschenden Wehrpflicht ja praktisch keine Zivilisten mehr gäbe und somit alle vermeintlichen zivilen Opfer ja "in Wahrheit militärische Ziele" seien[24].

Es gibt eine Reihe von Theorien, die versuchen zu erklären, warum Gruppen in einen derart gewalttätigen Sog von Aktionen gezogen werden:

Eine Antwort wäre die Erklärung, "die Gruppenkohäsion, die entsteht wird durch die externe Gefahr gesteigert, was die innere Brüchigkeit der Einheit gegenüber dem äußeren Feind reduziert"[25], also durch den bewaffneten Kampf wird nicht nur der äußere, zu bekämpfende Gegner bekriegt, sondern auch der innere Feind der Gruppe, der durch ein übersteigertes Maß an Gewalt und somit negativer Verantwortung die Gruppe zusammenschweisst, ganz im Sinne von "wird sind zu weit gegangen, es gibt kein Zurück mehr."

Dies würde dafür sprechen, dass die Hamas ihre Attentate und Angriffe immer weiter intensiviert hat und eben somit immer brutaler gegenüber der Zivilbevölkerung agiert.

Argumentativ überschneidend kann, was den Zusammenhalt der Gruppe als wichtige Funktion bestimmt behauptet werden, dass Terroristen "gar kein Interesse am Erfolg ihrer Aktionen haben könnten, weil sie damit die Existenzgrundlage ihrer Gruppe, ihr eigentliches Ziel,

zerstören würden"(ebd).

Da wie zu Beginn angeführt, keine simple Definition von Terrorismus als Allzweckmittel auf alle Ausprägungen terroristischer Gewalt passt, muss hier davon gesprochen werden, dass der Terrorismus der Hamas sich auf mehreren Ebenen von anderen Systemen seiner Art deutlich unterscheidet.

Als wichtigste Unterscheidungsmerkmale sind 6 Kriterien zu unterscheiden(ebd.):

Als terroristisch bezeichnet werden verschiene Akteure, die entweder als substaatliche Gruppen

---

23 siehe (21)
24 Grigat, Stephan: Feindaufklärung und Reeducation. Kritische Theorie gegen Postnazismus und Islamismus. Freiburg: ca ira 2006. (S.187)
25 siehe (21)

handeln, oder als staatliche Einheit, was dann als "Staatsterrorismus" bezeichnet werden kann.
Am Beispiel der Hamas ist dies nicht eindeutig festzumachen, da sie seit vielen Jahren – wie oben schon erwähnt – als substaatlicher Akteur und Kontrahent der Regierungspartei agierte, während sie 2006 auch selbst an der Regierung und somit am Staat beteiligt war.
So verschieden Akteure auch sein können, so verschieden ist auch die Motivation:
Sind Akteure ideologisch geprägt oder eher taktisch? Die Hamas ist beides.
Auf der einen Seite ist die Hamas ideologisch durch den fundamentalistischen Islam geprägt und durch diesen auch Motiviert einen Gottesstaat unter Koran und Scharia zu errichten, auf der anderen Seite auch taktisch-rational geartet, mit dem Ziel der Bedingungslosen Machtzerstörung Israels.
Ein dritter Punkt verschiedene Netzwerke oder Gruppen zu unterscheiden, ist die unterschiedliche Ausdehnung der Handlungs- und Zielsetzungsräume:
Agieren Gruppen regional, national oder international? Sind Handlungs- und Zielsetzungsräume deckungsgleich? Wenn nicht: Wieweit sind Zielsetzungsräume gedacht?
Bei der Hamas lässt sich, was den Handlungsraum betrifft, behaupten, dass sie vorwiegend regional (also im Gebiet des von ihr geforderten Palästina) agiert. Allerdings macht sie keinen Hehl für ihre Sympathie mit den internationalen Terroraktionen der geistig verwandten Al-Quaida, wobei sie sich aber aus taktisch-ökonomischen Gründen nicht aktiv beteiligt.
Ihr Zielsetzungsräume können in erster Ebene als regional beschrieben werden, allerdings erklärte der seit März 2006 amtierende palästinensische Außenminister dass Palästina nur als ein erster Schritt zu sehen sei und es erklärtes Ziel der Hamas sei, einen "islamischen Staat in der ganzen arabischen und westlichen Welt" herbeizuführen[26].
Bei den unterschiedlich terroritischen Akteuren sind unterschiedliche Bemessung der Bedeutung des Terrors anzutreffen. Oftmals war bei sozialrevolutionären Terrorgruppen wie denen von Mao, Castro oder Guevara der Terror nur erster Teil eines Modells, in dem Stufe um Stufe neue Systeme erkämpft bzw geschaffen wurden. Bei der Hamas scheint sich der Terror zu perpetuieren, er ist zum Selbstzweck geworden[27].
Ein fünfter Punkt an dem sich Terrororganisationen unterscheiden lassen, sind die unterschiedlichen Konnotationen: Ist der Begriff "Hamas" positiv oder negativ besetzt?
Fragt man die Hamas auf der einen, einen Mossadoffizier auf der anderen Seite wird man wohl zwei verschiedene Antworten erhalten, ebenso wenn man (verallgemeinert) in der arabischen, als auch in westlichen Welt hiernach fragt.

---

26 vgl.: Interview Nachrichtenagentur Xinhua mit Mahmud az-Zahar vom 26.5.2006
27 Süddeutsche Zeitung :
    http://www.sueddeutsche.de/politik/169/351002/text/ (Zugriff am 4.3.2009)

Da dieser Aufsatz allerdings an einer deutschen Universität in Mitteleuropa als Teil der EU und der NATO geschrieben wird, soll hier auch nur bemerkt sein, daß die Hamas entgegen einer Guevara'esquen Revolutionsromantik sogar hierzulande als perfid-morbide Terrorgruppe gesehen wird.

Der letzte Punkt, an dem Differenziert werden soll und kann, ist – zynisch gesprochen - die Qualität des Mordens: vom Tod einzelner Personen bis hin zum ungezielten Massenmord.

Die Hamas hat sich hier in einer Form von historischer linearer Entwicklung vom Kampf gegen Repräsentanten des jüdischen Staates Israel hin zu einer Volksbewegung entwickelt, die z.B. nur durch Selbstmordattentate (ungezählt hierbei Raketenbeschuss, Tote durch Sprengfallen etc) in den Jahren 1994 bis 2005 allein 480 Menschen ermordete[28], darunter auch einige Araber, was die Ungezieltheit des Tötens unterstreicht.

Das Wesen der Gewalt verschiebt sich hier vom Mittel hin zum Zweck – es soll keine Lösung des Konflikts gefunden werden, mit Hilfe von Gewalt soll das alleinige Ziel erreicht werden:
Die Vernichtung Israels.

Bei der Hamas lässt sich also eindeutig feststellen, was Walter Laqueuer über die neuen Formen des Terrorismus auszudrücken versuchte:

"Der Terrorismus im 19. Jahrhundert oder zur Zeit des Ersten Weltkriegs war, und das klingt komisch, relativ humanistisch. Man wollte irgendeinen General umbringen oder einen Minister, aber man hätte das nie getan, während er sonntags mit seiner Familie spazieren ging. In unserer Zeit ist der Terrorismus wahllos. Je mehr Menschen umgebracht werden, desto besser. Es müssen nicht mal die Leute sein, die für die direkten Übeltäter gehalten werden. Das ist ein sehr großer Unterschied, und er bedeutet eine zunehmende Brutalisierung und Verrohung"[29].

4. Mit der Hamas kooperierende Staaten

Die Hamas erfährt vor allem durch zwei Staaten Unterstützung, zum einen durch Syrien und zum anderen durch den Iran. Diese strategische Allianz manifestiert sich auf verschiedenste Weise. Wie Davoud Hermidas Bavand, Professor für Politikwissenschaften in Teheran, anführt: *"[...] besteht kein Zweifel daran, dass der Iran die Hamas moralisch, politisch und finanziell unterstützt"*[30].
Die Beziehung zwischen der sunnitischen Organisation und der schiitischen Regierung überbrückt

---

28　Israelisches Außenministerium
　　http://www.mfa.gov.il/MFA/ (Zugriff am 5.3.2009)
29　Interview mit Walter Laqueur in der taz:
　　http://www.taz.de/index.php?id=archivseite&dig=2002/01/31/a0148 (Zugriff am 5.3.2009)
30　Minoui, Delphine: "Le soutien ambigu de l'Iran au Hamas," Le Figaro, January 8, 2009

den großen Bruch des Islams, doch der Iran steht offenkundig dazu, dass dies kein ideologisches, sondern lediglich ein vorwiegend strategisches Bündnis ist, um den eigenen Machtbereich im Nahen Osten auszudehnen.

Die gegenseitige Abstimmung von Formulierungen ist Teil der gemeinsamen Agenda des Iran und der Hamas[31]. So sprechen beide von einem „wirklichen Holocaust" in Palästina.

Der Iran löste den früheren Hauptgeldgeber Saudiarabien aus mehreren Gründen ab. Vorwiegend da sie durch die USA, sowie die palästinensische Autorität unter Druck geraten war. Ohne die Millionenzahlungen aus dem Iran wird die Hamas als nicht existenzfähig betrachtet[32]. Darüber hinaus sorgt der Iran durch Offiziere der Revolutionären Garden (Islamic Revolutionary Guard Corps, IRGC) für eine Ausbildung im Terrorkampf. Hunderte von jungen Hamaskämpfer durchlaufen in so genannten Terrorcamps des iranischen Geheimdienstes jedes Jahr ihre Ausbildungen. Doch die militärische Unterstützung beschränkt sich nicht alleine auf die Ausbildung von Terrorkämpfern, sondern erstreckt sich auch auf deren Aufrüstung. Waffen werden meist über Syrien, dem Sinai oder aber auch dem Seeweg über unterirdische Tunnel in das Palästinensergebiet eingeschleust. In Zusammenarbeit mit der Hisbollah, welche direkte befehle aus Teheran erhält werden Anschläge gegen Israel geplant und durchgeführt. Khalid Mishal, der radikale Führer der Hamas im Ausland, betreibt eine rege Pendeldiplomatie zwischen seinem Exil in Damaskus und Teheran. Die syrische Regierung gehört zu den wichtigsten Unterstützern der Hamas und beherbergt die politische Exil-Führung der Organisation siet den 1990er Jahren. Chaled Maschaal, der Leiter des Polit-Büros lebt z.B. in Damaskus[33].

5. *Verbreitung ihrer Propaganda durch Medien*

Ein effektive Verbreitung der Hamas-Ideologie findet über Printmedien, Fernsehen, Rundfunk, sowie das Internet statt.

Der Fernsehsender „al-Aqsa TV" wurde nach den erfolgreichen Wahlen 2006 durch den Quassam-Brigaden Führer Fathi Ahmad Hammad als erster privater Sender im Gazastreifen gegründet. Finanziert wird dieser Sender vornehmlich durch Spenden von Privatmännern, beziehungsweise durch islamische Organisationen[34]. Das antisemitische, sowie antizionistische Programm, welches aus Nachrichten, politischen Kommentaren, Koranrezitationen und Kindersendungen besteht, zielt

---

31 Croitoru, Joseph: „Im Zangengriff der Islamisten." Frankfurter Allgemeine Zeitung Online, January 4, 2009
32 http://www.welt.de/print-wams/article138004/Iran_finanziert_Hamas.html (Zugriff am 5.3.2009)
33 http://www.wallstreet-online.de/diskussion/1147332-1-10/syrien-hamas-arbeiten-zusammen (Zugriff am 5.3.2009)
34 Peter Adams: *Hi-Tech Hamas. Reporting From the Gaza Strip*. In: *IslamOnline.net* vom 22. Januar 2006

auf eine propagandistische Manipulation der Bewohner des Gazastreifens, sowie Muslime, welche im Ausland leben. Der Sender wird vor allem durch Israel und die USA wegen seiner Aufrufe zu Hass und Gewalt gegen die eben genannten Länder, sowie den Westen im allgemeinen kritisiert[35]. Besonders die teils aus eigener Produktion stammenden Trickfilme, welche sich an Kinder richten bezwecken eine frühe Identifikation mit der Ideologie der Hamas. So wurde zum Beispiel in einer Puppentheatersendung vom März 2008 eine George W. Bush Puppe von einer Kinderpuppe erstochen und das Weisse Haus verwandelte sich anschließend in eine Moschee[36].

Weiteren Raum für Propaganda bietet der Hamas-eigene Radiosender „Stimme von al-Aqsa", welcher durch den Chefintendant Ibrahim Daher geleitet wird.

Im Bereich Printmedien erscheinen „al-Risalah", welche zweimal wöchentlich herausgegeben wird, sowie „al-Falastin". Seit 2007 sind beide Zeitungen im Westjordanland verboten[37]. Getragen werden diese drei Medien durch die „*Al Ribat Communications and Artistic Productions*", welche durch Fathi Ahmad Hammad geleitet wird.

Die „*Al Ribat Communications and Artistic Productions*" nutzt weiterhin das Internet, um dort Fernseh- und Radiosender für ein weltweites Publikum zugänglich zu machen. Auch über Seiten wie „www.youtube.com" können propagandistische Berichte oder auch Zeichentrickfilme, teils sogar in Englischer Übersetzung angesehen werden[38].

---

35 *Resolution 1069 In the House of Representatives, U. S., September 9, 2008*
36 *Islamisten-Hetze: Hamas TV lässt Bush-Puppe erstechen*. ZEIT online, Tagesspiegel vom 1. April 2008
37 *Attacks on the Press 2007: Israel and the Occupied Palestinian Territory*. In: *Committee to Protect Journalists* vom 5. Februar 2008
38 Vgl. zum Beispiel: http://www.youtube.com/watch?v=6WHdWgES-Uw

III. Fazit

Wenn man sich nun alle Merkmale der Hamas vor Augen führt, kann und darf in einem klar denkenden Menschen mit demokratischer Gesinnung keine Sympathie für eine solche Terrororganisation aufkommen.

Viel zu oft wird eine aus falschem Verständnis für islamistische Terroristen geborene Nachvollziehbarkeit in den Vordergrund gerückt, was eine aufrichtige Beschäftigung mit dem Thema von postnazistischen, homophoben, antisekularen und anti-emanzipativen Ideen dieser Organisation in den Hintergrund stellt.

Will man den Faden etwas weiter spinnen und in gewissener Weise zynisch werden, sollte man nach Freud sagen: „Den Wahn erkennt natürlich niemals, wer ihn selbst noch teilt"[34].

Anders und überspitzt formuliert: Ist in Deutschland bzw Europa ein latenter Antisemitismus besonders stark ausgeprägt? Wirken postfaschistische Strukturen in Deutschland nach, wenn im Rahmen des Gaza-Konflikts 10.000 Menschen pro Großstadt demonstrierten, nicht für im Konflikt getötete Zivilisten (auf beiden Seiten!), sondern z.B. in Berlin mit Hamas-Fahnen und Sprechchören wie "Intifada bis zum Sieg!", "Nie, nie, nie wieder Israel!" und "Scheiß Juden!"[35], in Frankfurt am Main "Vergast die Juden!"[36] oder in Düsseldorf mit "Davidstern = Hakenkreuz"-Schildern[37] durch die Strassen ziehen?

Natürlich waren dies größtenteils extremistisch-palästinensische oder islamistisch-arabische Gruppen, aber sie fanden Unterstützung oder wurden aber zumindest geduldet.

Dieser Hinweis soll etwas nachdenklich stimmen, ob die Hamas vielleicht oftmals in Deutschland nicht als das angesehen wird, was sie eigentlich ist:

Eine brutale und rücksichtslose Terrororganisation, die von Staaten wie Syrien und dem Iran finanziert wird, um den barbarischen Kampf mit Hilfe von menschlichen Schutzschilden gegen gegen die Zivilisten des einzig wirklichen demokratischen Staaten im Nahen Osten zu führen, ungeachtet dessen Friedensbemühungen und auch dem palästinensischen (Mehrheits-)Willen nach Frieden und einer moderaten Zweistaatenlösung.

Mit einer Vereinigung die laut ihrer Charta die Vernichtung des jüdischen Volkes zum Ziel hat[38], sollte es von deutscher und europäischer Seite mit besonderem Hinblick auf die jüngere

---

34 Freud, Sigmund: Über das Unbehagen in der Kultur. Frankfurt: Fischer 1994. (S.34)
35 Beitrag im rbb: http://www.rbb-online.de/_/nachrichten/politik/beitrag_jsp/key=news8421250.html
36 Artikel im Journal: http://www.dasjournal.net/news/202/ARTICLE/16345/2009-01-07.html
37 Videobeitrag der Netnews: http://www.bsozd.com/?p=7713   (auf alle Links Zugriff am 5.3.2009)
38 Charta der Hamas : http://www.mideastweb.org/hamas.htm (Zugriff am 1.3.2009)

Vergangenheit keinen Dialog, keine finanzielle Unterstützung oder auch nur Duldung erfolgen. Oder wie Theodor W. Adorno es treffend formulierte:

"Die Forderung, daß Auschwitz nicht noch einmal sei, ist die allererste an Erziehung. Sie geht so sehr jeglicher anderen voran, daß ich weder glaube, sie begründen zu müssen noch zu sollen[39]."

---

39 Vgl.: Adorno, Theodor W. : Stichworte. Kritische Modelle 2. Frankfurt a.M.: Suhrkamp 1998.